Louis Delzons

Les Tribunaux pour enfants

Histoire

ISBN : 978-1724483867

10 9 8 7 6 5 4 3 2 1

Louis Delzons

Les Tribunaux pour enfants

Histoire

Table de Matières

Section I

C'est un lundi. Dans le vestibule où s'ouvrent, face à face, la 8ᵉ et la 9ᵉChambre, le public n'est pas celui des autres jours. Du moins, devant la porte de la 8e, les femmes sont en majorité, des femmes du peuple, têtes nues ou coiffées de chapeaux très modestes, la plupart ayant passé la quarantaine, visages fatigués de travailleuses qui ont eu à élever des enfants, à faire marcher un ménage. On entre dans la salle d'audience. Voici, aux places du public, des femmes encore et peu d'hommes ; à la barre, quelques avocats ; au banc des prévenus, des enfants, rien que des enfants. C'est ici, en effet, le Tribunal pour les enfants. Les gardes les introduisent, au fur et à mesure que leurs causes sont appelées, et l'on voit, l'on entend ceci à travers les bavardages et les rires de l'auditoire, où, par moments, éclate un sanglot.

Pierre L… est un petit gaillard de quinze ans, robuste, déluré, les yeux hardis, la mâchoire avancée. Le président l'interroge :

— Tu es tourneur en optique. Tu n'as jamais été condamné ; mais tu ne te conduis pas bien. Un matin, tu as abordé un vieux journalier et tu lui as demandé l'heure ; le vieillard a tiré sa montre : aussitôt tu as sauté dessus et pris la fuite…

— J'étais pressé, dit Pierre.

Il est enchanté de ce tour ; il rit, et le public rit aussi :

— Ah ! tu trouves cela risible, reprend le président. C'est un vol pourtant : il n'y a pas de quoi rire… Et vous, madame, demande-t-il à la mère, qu'entendez-vous faire pour votre fils ?… Oh, monsieur, il ne m'écoute jamais : je n'en veux plus !…

— Maître Rollet ? interroge encore le président. Vous ne le réclamez pas ?

Me Rollet, directeur du *Patronage de l'enfance*, consulte son lieutenant, Me Marcel Kleine :

— Monsieur le président, le Tribunal va sans doute envoyer cet enfant en correction : je verrai si je peux le prendre.

Le Tribunal, en effet, acquitte Pierre L… « comme ayant agi sans discernement, » et l'envoie en correction jusqu'à sa vingt-etunième année.

— Qu'avez-vous dit, que vous alliez le prendre ? demande, à mi-voix, la mère, à Me Rollet.

Me Rollet lui explique qu'il va étudier le dossier et l'enfant. Si l'un et l'autre lui paraissent trop mauvais, il laissera Pierre partir pour la colonie pénitentiaire. S'il aperçoit au contraire des chances de relèvement, il se fera remettre l'enfant par l'administration, et il le gardera au régime plus doux du patronage, mais avec la menace de lui faire réintégrer, à la moindre faute, la maison de correction.

— Ah ! bien, dit la mère ; mais vous aurez du mal !…

Les gardes ont amené une jeune fille, Germaine R… Elle n'a pas seize ans, et elle est extrêmement jolie. Elle n'ignorait pas qu'elle était jolie, on ne le lui laissa pas ignorer, et ses mœurs furent des plus légères. Cependant, elle manifeste beaucoup de regrets : le *Patronage des Libérées* offre de la recueillir ; le Tribunal l'acquitte et la confie à ce patronage.

Jacques L… et Henri D… ont volé aux Halles des branches de mimosa. Ils les revendaient deux sous chacune, sur le boulevard Sébastopol ; ils allaient aussitôt porter leur recette, dans un débit de la rue Quincampoix, à deux hommes qui les employaient à ce métier, et tous ensemble buvaient de l'absinthe. Ils ont à peine quinze ans ; ce sont de petits dégénérés, faces blêmes et scrofuleuses, corps étiques. Ils font une mine assez pitoyable. Le Tribunal les acquitte, et les confie à l'Assistance publique.

Georges G…, âgé de quinze ans, employé chez un commerçant, a volé dans un tiroir la monnaie d'un billet de 1 000 francs qu'il était allé changer. Puis il est parti pour Nancy, où il a dépensé une partie de cet argent. C'est un garçon à l'air doux et timide ; il a été entraîné par un camarade plus âgé que lui. Il pleure, et sa mère le réclame : il est acquitté et rendu à sa mère. Voici encore Emile V…, qui a quatorze ans : il est pâle, chétif, avec des yeux très intelligents : il a pris un foulard à un étalage.

— Il ne recommencera plus, monsieur, je vous le jure ! proteste la mère ; rendez-le-moi !

— Vous le rendre, fait le président, je veux bien ; vous êtes une brave femme, travailleuse, économe. Mais vous êtes une mère un peu faible. Les garçons, il ne faut pas les rudoyer, mais il faut les tenir. Vous n'avez pas su tenir le vôtre.

La mère insiste en pleurant : le petit Jacques pleure aussi. Les magistrats hésitent. Me Rollet intervient :

— Le Tribunal pourrait essayer de la liberté surveillée…

— Oui, dit le président. C'est bien le cas. Ecoutez-moi, madame, et toi aussi, petit. Le tribunal va donner la garde au *Patronage de l'enfance*, et le *Patronage*, madame, vous rendra votre garçon. Il sera libre, il 'aura pas une liberté complète. Un inspecteur le visitera régulièrement, vérifiera s'il travaille, s'il se conduit bien, et fera son rapport à Me Rollet. Alors, de deux choses l'une : ou le rapport sera satisfaisant, et, après quelque temps, la surveillance cessera : l'enfant sera définitivement libre ; ou le rapport sera défavorable, et l'enfant sera repris par le patronage. Ainsi, vous comprenez, madame : nous avons confiance en vous et en ce garçon. Nous faisons un essai. Il dépend de vous et de lui que l'essai réussisse… C'est bien entendu ?

— Oh ! soyez tranquilles, messieurs, et je vous remercie. Bien sûr qu'il sera sage et que j'y veillerai…

Elle a séché ses larmes, et se retire, enchantée.

D'autres enfants se succèdent sur les bancs, et le tribunal continue d'appliquer tour à tour ces mesures si diverses… Les exemples qu'on vient de voir sont assez significatifs pour permettre de se faire, sur ce tribunal et sur la justice qu'il rend, une opinion éclairée.

C'est un bon tribunal et c'est une bonne justice, si l'un et l'autre ne sont point parfaits. Assurément, il y a trop de monde à cette audience ; on fait trop de bruit. Magistrats et avocats s'efforcent ensemble, et avec raison, d'atténuer ce que l'appareil judiciaire a toujours d'un peu solennel et théâtral. Mais il n'est pas facile de se tenir à une mesure convenable. Il semble qu'on tombe un peu trop dans la familiarité, et que les petits prévenus n'y aient plus ni la crainte de la justice, ni le sentiment de leur faute. En revanche, si ce n'est plus la justice, c'est encore le théâtre ; tout ce monde qui emplit la salle regarde, écoute, rit ou s'émeut, comme au théâtre, et sur son banc, pour peu qu'il y ait quelques dispositions, l'enfant est comme un acteur sur les planches. Tout cela n'est pas très heureux. Il reste cependant que les enfants ne sont plus mêlés, comme ils l'étaient jadis, aux adultes, hommes et femmes, dont ils entendaient, — avec quelle curiosité ! — raconter les méfaits : en outre chacun d'eux comparaît seul, de telle manière qu'il n'a pas l'occasion de s'instruire par le récit des exploits d'un autre. Il reste encore que ces trois magistrats, qui, tous les lundis de l'année, ne jugent que des enfants, prennent l'habitude de ces justiciables, si différents des autres. Il reste enfin qu'aidés par les représentants de patronages, les magistrats peuvent choisir la mesure la plus capable d'assurer le relèvement du petit prévenu. La diversité des mesures attire tout de suite l'attention, et c'est peut-être le meilleur résultat de cette juridiction. Ses avantages se résument en ceci : elle est spéciale aux enfants ; elle facilite les mesures les plus variées et notamment celle de la liberté surveillée.

Section II

Comment en est-on venu à consacrer ainsi, exclusivement, aux enfants, l'audience d'une Chambre correctionnelle, alors que nos Codes établissent pour tous, mineurs comme adultes, la même juridiction ? Comment est-on arrivé à des pratiques telles que la liberté surveillée, qui ne sont prévues par aucune de nos lois ? C'est une histoire singulière, et bien qu'elle commence à être connue, elle mérite d'être racontée encore une fois.

Pour en trouver l'origine, il faut remonter à une dizaine d'années, traverser l'Océan et s'en aller dans l'Illinois jusqu'à cette ville étonnante de Chicago, qui offre le prodige d'une civilisation intellectuelle et morale, développée avec le même élan que la croissance matérielle. Avant 1899, la situation de l'enfant, au regard de la loi pénale, y était fixée par la règle la plus rudimentaire et la plus fausse. Avait-il moins de dix ans ? Il ne comptait pas ; il était libre de vagabonder, mendier, voler ; il pouvait à loisir faire son apprentissage de malfaiteur. Avait-il plus de dix ans ? Il devenait du coup pareil au majeur, c'est-à-dire qu'il était arrêté, poursuivi, condamné, enfermé avec les adultes. La démoralisation inouïe de l'enfance, suite nécessaire d'un tel système, inquiéta les Sociétés charitables, les clubs féminins et le barreau. Parmi les réformes que chacun proposait, une idée domina : il fallait séparer l'enfant coupable des adultes criminels ; il fallait le mettre hors de la loi pénale qui suppose, comme condition de la faute, le discernement et le sentiment de la responsabilité : il fallait en un mot considérer en lui, non pas le fait délictueux, vol ou autre, fût-il grave, mais sa personne même, pour adapter à son individu les meilleurs moyens de relèvement. D'où la nécessité d'examiner avec soin cet enfant, de le connaître et de gagner sa confiance, de choisir non pas tant une sanction à sa faute qu'une mesure appropriée à son caractère et à son milieu, enfin de lui faire voir son intérêt à se bien conduire, de le suivre quelque temps, longtemps même, dans ses efforts. Les tribunaux ordinaires n'avaient ni loisirs, ni compétence pour une pareille tâche. Mais, depuis 1890, des *Children's courts*[1] fonctionnaient en Australie ; depuis 1894, au Canada, et, plus anciennement encore, dans le Massachusetts, toutes avec la mission, non pas tant de juger les enfants coupables que d'exercer sur eux une tutelle attentive. Ces institutions, quoique donnant de bons effets, avaient passé quelque peu inaperçues. Les comités d'études de Chicago résolurent d'en essayer pour leur Etat ; un projet de loi fut envoyé à la législature : plusieurs fois ajourné, il fut enfin voté et devint la loi du 1ᵉʳ juillet 1899. C'est de ce moment que datent la renommée et le succès du « Tribunal pour enfants. » Le grand mouvement de Chicago devait rayonner au loin, entraîner le monde entier ; et les raisons en furent à la fois la force propre de cette institution originale, et la forme que l'Etat de l'Illinois sut lui donner.

Tout enfant abandonné ou coupable, garçon âgé de moins de seize ans, fille âgée de moins de dix-huit ans, sera conduit devant une « juridiction spéciale : » et ces mots sont pris au sens le plus exact. Sans doute les tribunaux d'arrondissement et de comté (*circuit courts* et *county courts*) peuvent juger en principe. Mais dans les comtés de plus de 500 000 habitants, et, par suite, dans toutes les grandes villes, les magistrats du tribunal d'arrondissement désignent un ou plusieurs d'entre eux pour juger les enfants : une salle spéciale leur est réservée ; et cette juridiction prend le nom de *Juvénile court*, tribunal juvénile. Voilà la règle nouvelle. En fait, le tribunal spécial, dans l'Illinois comme dans les États qui l'ont si vite imité, ne comprend qu'un seul juge. Les audiences

---

1 Littéralement : cours d'enfans.

se tiennent ou dans une salle spéciale, ou dans la salle ordinaire, mais alors à certains jours ; le public n'y pénètre pas ; l'enfant, même, n'a pas d'avocat, puisqu'il est devant son tuteur, non devant son juge. Dans cette comparution, qui se réduit à un tête-à-tête, le magistrat ne s'inspire que de sa conscience et de l'intérêt de l'enfant. D'ailleurs, seul à décider, il est seul aussi à faire l'instruction, et souvent même à surveiller l'exécution de sa sentence. La spécialité est complète : un juge pour les enfants, qui ne s'occupe que d'eux, qui est seul à s'en occuper.

Que peut-il décider ? C'est le second point, l'objet essentiel de la campagne réformiste de Chicago. Aucun magistrat ne peut envoyer à la prison un enfant âgé de moins de douze ans. La séparation entre les adultes et lui est absolue. Ce que le juge a la droit et l'habitude de faire, c'est de le confier soit à une institution d'Etat, soit à une personne respectable, soit à une association ; c'est aussi de le déférer à la Cour d'assises pour l'envoi en correction. Pour les sanctions de la faute, pour la protection de l'avenir, c'est encore une rigoureuse spécialité.

La réforme se complète par une grande nouveauté, l'organisation de cette pratique ingénieuse et hardie que nous définissons en français par les mots de « liberté surveillée. » Sous le nom de *probation officers*, le juge a auprès de lui des auxiliaires, personnes expérimentées et de toute confiance, qui vont lui servir à tenter une épreuve de la plus décisive importance. La maison de correction ou la colonie pénitentiaire, la Société de patronage ou la personne charitable qui s'offre à recueillir l'enfant, ce sont des ressources, assurément, pour lui épargner la prison, pour le sauver des dangers de la rue, mais ressources exceptionnelles et qui doivent rester telles. Où donc est-il naturel que l'enfant vive et grandisse ? Dans sa famille. Et, de même, il est naturel, il est nécessaire qu'il ne soit pas simplement préservé des contacts mauvais, mais qu'il apprenne à se servir de sa liberté, puisque, à vingt et un ans au plus tard, il sera libre. Or, tout de suite, on veut que, dans sa famille même, il fasse cet apprentissage. Cela ne va pas sans de sérieuses précautions ; il faut que la famille offre des garanties de moralité, que l'enfant lui-même, entraîné une fois à mal faire, montre la volonté de se bien conduire. Et ce n'est point encore assez. Il faut imposer à l'enfant, comme à la famille, une aide, rien qui ressemble à une inquisition pesant sur elle ou sur lui, mais une surveillance pleine de sollicitude, assez lointaine pour ne pas gêner leur existence, assez proche pour qu'aucun écart ne puisse lui échapper. Le rôle des *probation officers* est d'exercer cette surveillance sous la haute direction du juge. L'enfant, après examen attentif de sa personne morale, après enquête sur sa famille, est remis en liberté. Mais désormais un *probation officer* lui est attaché. Il le sait : il sait qu'il aura à rendre compte de ses actes, de son travail à l'école ou à l'atelier, de sa conduite à la maison. Il s'aperçoit vite qu'il a dans son surveillant, non pas un espion, mais un guide et un ami, qui fait de son relèvement leur œuvre commune, et qui s'y intéresse, s'y passionne, désolé de toute défaillance, enchanté de tout progrès. Ainsi soutenu, il a moins de peine à suivre le droit chemin. Il sait d'ailleurs aussi qu'il va de la sorte soit à la pleine liberté, s'il persévère, soit à l'internement du patronage ou de la maison de correction, s'il retombe dans ses erreurs premières. Le juge, par les rapports du *probation officer*, est tenu au courant de cette marche vers le bien. Il règle la surveillance : il la fait plus stricte ou plus lâche ; quand l'épreuve tourne mal, il supprime la liberté ; quand elle réussit, il n'a pas besoin de supprimer la surveillance ; et l'enfant, de lui-même, vient raconter à son *probation officer*, qui n'est plus que son ami, ce qu'il fait, ce qu'il veut faire, son existence et ses projets.

Une institution nouvelle ne vaut vraiment que par l'expérience et par les résultats. Ces résultats, quant aux enfants coupables, on les connaîtra par le nombre de ceux qui, après une première comparution devant le Tribunal spécial, après l'essai des mesures nouvelles, commettront un second délit : par le nombre des récidivistes. Si l'institution est bonne, ce nombre doit diminuer. A-t-il diminué ? Voici les chiffres. A Chicago, en 1905, sur 2 071 enfants abandonnés ou coupables, qui ont été mis en liberté surveillée, les récidivistes ont été un peu plus de cent. A New-York, en trois ans, sur 3 377 enfants, il y a 574 récidivistes ; à Denver, en quatre années, sur 1 180 enfants, 40 récidivistes ; à Indianapolis, en 1904, sur 250, 6 ; à Philadelphie, en 1901, sur 1008, 27... La démonstration est éclatante, elle l'est encore davantage si l'on compare ces chiffres à ceux que chaque ville inscrivait, avant d'avoir tes *Juvenile Courts*. La moyenne était de 50 p. 100 ; la moitié des enfants condamnés, envoyés à la prison, n'en sortaient que pour recommencer leurs méfaits ; aujourd'hui cette moyenne est tombée à 10 et même à 5 p. 100 : ce n'est plus la moitié qui succombe de nouveau, c'est le dixième, c'est le, vingtième. Tous les autres ont profité de la leçon ; ils ont une bonne conduite et ils ont la liberté : ils sont sauvés.

On ne s'étonnera pas, devant une expérience si probante, que l'institution du Tribunal spécial, à peine votée par l'Illinois, ait été promptement adoptée par les autres États. La Pennsylvanie fut la première à suivre l'exemple, dès 1901 : d'autres vinrent ensuite ; il y en a aujourd'hui 24. Tous se déclarent satisfaits et du progrès moral qui rétablit dans l'existence normale un si grand nombre d'enfants, et des avantages pécuniaires qui résultent de ce que, pour tous, la dépense de leur entretien revient à la famille et décharge les finances publiques.

Tandis qu'elle se répandait ainsi aux États-Unis, la réforme était signalée en Angleterre. Une lettre circulaire, envoyée par la *State Children's association*, groupait les réponses unanimement favorables des sociétés qui veillent au sort des enfants. Un des membres de la commission Moseley, M. A. Edmund Spencer, fit un rapport enthousiaste de la simplicité du tribunal spécial, de l'autorité extraordinaire qu'y prenait le juge, des bienfaits de la liberté surveillée. En Angleterre, comme en Amérique, les Sociétés de patronage entraînèrent dans leur campagne les clubs féminins, le Barreau : et tous réunis, pressant sur le gouvernement, déterminèrent des essais qui furent pratiqués dans la plupart des villes industrielles, à Birmingham, à Liverpool, à Manchester, à Glasgow, à Dundee, à Dublin. M. Marcel Kleine, chargé par le Musée social d'étudier cette juridiction, a soigneusement décrit les audiences du tribunal de Birmingham. Présidé, par un homme qui est un des grands spécialistes de l'enfance, M. Courtenay Lord, il siège chaque jeudi, dès dix heures du matin, une heure plus tôt que les tribunaux ordinaires, de manière à éviter l'affluence du public ; comme en Amérique, chaque enfant est jugé isolément ; la liberté surveillée est la mesure préférée, et elle donne d'excellents résultats : 3 p. 100 de récidives. Depuis cette enquête qui date de 1906, un bill du 27 août 1907 a consolidé, sous forme d'institution définitive, les heureux essais antérieurs, en permettant aux magistrats de nommer des *probation officers*.

En Allemagne, en Italie, en Suisse, l'attention s'est également éveillée : on y souhaite, on y essaye des tribunaux pour enfants. Ainsi, c'est bien une extension mondiale que l'idée américaine a prise en quelques années ; s'il a jamais été vrai de dire que le consentement universel prouve la force, la sagesse et l'utilité d'une idée, la preuve est faite pour celle-ci, comme il n'y a guère d'exemples qu'elle l'ait été pour une autre.

La France doit à l'initiative d'un ingénieur, M. Julhiet, d'avoir aperçu sous sa forme pratique, avec ses avantages, avec sa simplicité d'exécution, la nouveauté du Tribunal pour enfants. Déjà, on connaissait la loi de l'Illinois, qui avait été traduite et publiée par les soins de la Société de Législation comparée ; d'autre part, des revues anglaises, notamment le *Cornhill Magazine*[1] avaient montré l'effort de propagande qui se faisait depuis 1903 en Angleterre. Mais ces publications s'adressaient à des lecteurs trop peu nombreux. La conférence de M. Julhiet, en 1906, au Musée social, sous la présidence de M. le sénateur Bérenger, porta l'idée nouvelle dans le milieu qu'elle devait intéresser et toucher. M. Julhiet revenait des Etats-Unis ; il avait vu à l'œuvre le juge des *Children's courts*. Sa conférence présentait en action le juge, les *probation officers*, les enfants ; et parce qu'elle mettait ainsi directement, sous les yeux d'un public très avisé, des personnes telles que le juge de Denver, M. Lindsay, et tout le mouvement des clubs, des patronages, des avocats, gagnant à la réforme, de proche en proche, les États américains, elle produisit un effet considérable. Non seulement elle révéla à tout cet auditoire l'existence et le succès du Tribunal pour enfants, mais elle donna à certains le désir, la volonté de l'établir en France.

Section III

La conférence de M. Julhiet fut donnée le 6 février 1906. A cette date, nos lois pénales avaient été modifiées par celle du 19 avril 1898 en faveur de l'enfant ; elles allaient l'être un peu plus par celle

1 Cornhill Magazine, june 1905 : *Special police courts for Children*, by Mrs Henrietta O Barnett.

du 12 avril 1906 ; mais notre système judiciaire fonctionnait pour le mineur comme pour l'adulte, sans distinction.

Le Code de 1810 fixait à seize ans la majorité pénale. Pour l'enfant au-dessous de seize ans, il prescrivait aux juges d'examiner d'abord s'il avait agi avec ou sans discernement : dans le premier cas, la peine devait être inférieure à celle qu'eût encourue l'adulte ; dans le second, l'acquittement prononcé, l'enfant était ou rendu à sa famille, ou envoyé en correction. La loi de 1898, à la suite de longs efforts, et par l'entente des hommes d'œuvres avec les pouvoirs publics, a réalisé un premier progrès au profit de l'enfant acquitté comme ayant agi sans discernement. Rendre cet enfant à sa famille ou l'envoyer en correction, — ces deux solutions extrêmes étaient imparfaites : l'une parce que la famille pouvait n'offrir aucune garantie, alors que l'enfant avait besoin de bons conseils et d'une direction ferme ; l'autre, parce que l'organisation des colonies pénitentiaires est encore défectueuse et que, si elles suffisent à garder les détenus, elles réussissent mal à en faire des hommes. Il fallait une solution intermédiaire ; la loi de 1898 la fournit, en permettant aux juges de confier la garde soit à un particulier, soit à une institution charitable, soit à l'Assistance publique. Les conséquences de cette mesure ont été des plus bienfaisantes. Quant à la loi du 12 avril 1906, elle a eu pour but d'éviter les courtes peines, trop souvent prononcées contre les délinquants dont l'âge avoisinait celui de la majorité pénale. Elle a porté cette majorité à dix-huit ans : jusqu'à dix-huit ans, le mineur peut donc être acquitté comme ayant agi sans discernement ; toutefois ce n'est que jusqu'à seize ans que, condamné, il bénéficiera d'une peine atténuée, et qu'il pourra, acquitté, être confié à l'Assistance publique.

Telle était la législation. Quant au système judiciaire, quant à la procédure imposée au mineur, il y avait eu, vers 1890, au Tribunal de la Seine, un effort vers la spécialité. Pendant quelque temps, deux juges d'instruction avaient été particulièrement chargés des mineurs. Un procureur général, estimant que cette mission nuisait à la marche générale des affaires, la supprima. Les enfants étaient donc envoyés, suivant le roulement ordinaire, tantôt à un cabinet d'instruction, tantôt à un autre ; de même, suivant la nature du délit et l'encombrement des rôles d'audience, ils étaient déférés indistinctement à l'une ou à l'autre des quatre chambres correctionnelles, et y comparaissaient mêlés aux délinquants adultes.

Dans cet état, devant ces tribunaux qui jugeaient des causes d'enfants parmi les trop nombreuses causes d'adultes, on comprend quelle hardiesse ce fut de vouloir, sans tarder, une juridiction spéciale. Avec des lois qui prévoyaient pour les mineurs, en cas d'acquittement, trois mesures : — remise à la famille : garde confiée à une personne, à un patronage, à l'Assistance publique ; envoi en correction, — il n'y avait qu'un audacieux pour prétendre inaugurer, tout de suite, sans changement dans les lois, la mesure originale de la liberté surveillée.

L'audacieux fut M. Rollet. Vivement intéressé par la conférence de M. Julhiet, il résolut d'appliquer en France cette mesure qui avait si bien réussi à Amérique, et dès le 10 février, quatre jours après la conférence, il fit en effet sa tentative à l'audience de la 8ᵉ Chambre.

Ce fut une scène très curieuse dans sa simplicité. Trois jeunes gens étaient prévenus de vols à l'étalage. L'un des trois, mineur de seize ans, comparaissait pour la première fois : les renseignements fournis sur lui n'étaient ni très bons, ni très mauvais ; sa mère, veuve, le réclamait et promettait de le surveiller ; mais le Tribunal, craignant que la surveillance ne fût insuffisante, hésitait à satisfaire ce désir. Me Rollet, alors, s'avança à la barre et proposa aux magistrats la combinaison que voici : « Donnez au *Patronage de l'enfance* la garde de ce jeune homme ; le *Patronage*, au lieu de le retenir, le rendra à sa mère ; mais il le surveillera, et, au moindre écart, le reprendra pour le placer au mieux de ses intérêts. »

Le Tribunal fut séduit par l'ingéniosité de ce moyen qui, sans porter atteinte à la loi, répondait au vœu de la mère et sauvegardait l'avenir de l'enfant. Il jugea comme le demandait Me Rollet ; et, le jugement rendu, la garde confiée au *Patronage*, l'enfant fut remis à sa mère, pour être surveillé par Me Guignot, le jeune avocat qui avait présenté sa défense. De ce jour, il est vrai de dire que la liberté surveillée a été établie en France. Il n'était que de trouver le détour adroit et d'ailleurs parfaitement légal, que Me Rollet avait proposé au tribunal ; le grand mérite de Me Rollet est précisément de l'avoir trouvé. Comme le propre des idées neuves et justes est de se répandre avec rapidité, tout de suite, les juges d'instruction, avertis, proposèrent à Me Rollet d'essayer la même mesure pour des enfants dont les affaires étaient à leur cabinet. Me Rollet se garda de refuser. Seulement il lui fallait des *probation officers*, pour exercer la surveillance. M. Lépine s'empressa de lui fournir des inspecteurs ; un groupe de personnes charitables lui en fournit d'autres : Mme Teutsch, directrice de l'*Œuvre du souvenir*, Mme C. André, directrice des *Libérées de Saint-Lazare*, s'occupèrent des jeunes filles. Avec cette organisation, si rapidement improvisée, la liberté surveillée put entrer dans la pratique du tribunal. Après trois ans révolus, il est possible d'apprécier ses résultats.

Voici, parmi tant d'autres, deux cas significatifs, qui montrent à la fois avec quelle prudence il faut agir, et le bien qu'on peut faire.

Le premier cas est celui d'un étrange garçon qui s'appelait « Nez de veau. » A vrai dire « Nez de veau » était un sobriquet, comme « Bras d'acier » ou « Jambe de cerf. » On donne volontiers ces surnoms dans le peuple des errants. « Nez de veau » habitait, si l'on peut dire, parmi les chiffonniers de cette cité Jeanne-d'Arc qui est un des coins les plus fâcheux de Paris. Il avait quatorze ans, il n'en paraissait pas plus de huit. Il était petit, malingre, avec une figure grosse comme le poing, où ressortait en saillie un nez semblable à un tubercule. Extrêmement intelligent, hardi, rusé, « Nez de veau, » malgré sa petite taille et son âge tendre, était déjà chef de bande : il dirigeait une douzaine de galopins, dont la principale occupation était de *faire les merlingues*[1] au quartier Saint-Médard. Un jour, « Nez de veau » fut pris. Il passa par l'instruction et comparut devant le tribunal. C'était peu de temps après que la liberté surveillée venait d'être tentée. On était encore dans la ferveur et l'inexpérience de cette nouveauté. « Nez de veau, » son jeune âge, son intelligence, sa vivacité, intéressèrent le tribunal : il fut mis en liberté surveillée, c'est-à-dire acquitté et confié à Me Rollet, qui le rendit à sa famille, en le faisant surveiller par un inspecteur. Or, après quelques jours, l'inspecteur découvrit ce qu'était cette famille, — on ne s'en était point assez préoccupé d'abord, — une famille qui laissait tout juste l'enfant gîter la nuit dans son taudis, mais pour le reste, pour

---

1 Voler les porte-monnaie.

sa nourriture, pour sa conduite, pour l'emploi de ses journées, lui disait : « Débrouille-toi ! » Libre, « Nez de veau » était en train de se débrouiller, comme par le passé, du côté du quartier Saint-Médard. L'inspecteur s'empara de lui et l'amena à Me Rollet qui le fit aussitôt partir pour une colonie agricole. Tout d'abord les champs, les arbres, la rivière ravirent ce malheureux petit Parisien. Mais la nostalgie de la rue, du « zinc, » du faubourg, finit par le prendre. Il se sauva. Arrêté encore, il est aujourd'hui en correction. Seule, évidemment, la maison de correction pourra venir à bout d'une nature si profondément pervertie : la liberté surveillée n'est pas faite pour « Nez de veau » et ses pareils.

L'autre cas présente comme par contraste une réussite inespérée. Le petit G…, Breton d'origine, travaillait dans un cirque qui s'était établi dans la banlieue. L'enfant se rappela qu'il avait une parente, rue du Faubourg-Montmartre. Il voulut la voir : accompagné d'un camarade, il vint à Paris, mais, par erreur, se rendit rue Montmartre. Il monta dans la maison dont il avait le numéro, chercha à tous les logements, ne trouva rien. Quand il descendit, son camarade, las d'attendre, était parti. L'enfant ne savait pas lire : il ne connaissait point Paris : il erra tout un jour, complètement perdu ; enfin, n'en pouvant plus, il entra dans un commissariat. Quand il comparut devant le tribunal, Me Rollet, qui l'avait vu à la Petite-Roquette et que cette aventure avait touché, le prit en liberté surveillée. La mesure réussit fort bien. Après quelque temps, on fit mieux encore. L'enfant avait le goût de la mer ; on l'engagea sur un bateau. Il s'y comporta de telle manière qu'il a aujourd'hui des galons. C'est à la liberté surveillée, où il commença de se refaire et de se très bien conduire, qu'il doit ces résultats : il le sait, et il en garde au Patronage la plus affectueuse reconnaissance.

Au début, le *Patronage de l'enfance* et le tribunal firent quelques essais aventureux dans le genre de celui de « Nez de veau. » Mais l'expérience leur vint très vite, et si l'on considère les résultats des trois années écoulées, on ne peut qu'être satisfait. Dans ces trois ans, 369 enfants ont été mis en liberté surveillée. Or le nombre des échecs ne dépasse pas 111 : cela ne fait qu'une proportion de 23 p. 100. Tout le reste, les 250 autres, placés à la campagne, engagés dans l'armée de terre ou de mer, vivant dans leur famille, ont tiré de la liberté surveillée tout le profit possible : ils sont sauvés. Il fallait démontrer qu'en France, comme aux Etats-Unis, comme en Angleterre, cette mesure nouvelle pouvait aider, mieux que les anciennes, au relèvement de l'enfant coupable. La démonstration est faite.

Il convient d'ajouter que l'initiative de M. Rollet a trouvé un concours empressé dans les chefs du Parquet de la Seine, le regretté M. Jalenques, puis M. Monier. Dès le mois de décembre 1906, le procureur de la République, reprenant tes errements de 1890, désigna quatre juges d'instruction pour s'occuper spécialement des mineurs. Puis au mois de mars 1907, le procureur décida que toutes les causes d'enfants seraient jugées, le lundi, par la 8ᵉChambre correctionnelle. On avait ainsi comme une spécialité de juge d'instruction et de tribunal ; après avoir mis en pratique la liberté surveillée, sans qu'on eût touché à la législation ni au système judiciaire, la réforme était accomplie. C'est là un exemple frappant de ce que peuvent obtenir les bonnes volontés d'hommes de cœur, unis par la pensée de la plus haute et de la plus utile charité.

Section IV

Faut-il en rester là ?

Il est invraisemblable qu'après des expériences si convaincantes, un procureur de la République ou un procureur général suppriment, demain, la spécialité des juges d'instruction et du tribunal, et que le tribunal ou les juges refusent la liberté surveillée. C'est invraisemblable, mais c'est possible. Car ces mesures, on l'a vu, n'existent que par le bon vouloir de quelques hommes. Cependant elles sont utiles ; depuis trois ans, elles ont fait leurs preuves. Ne serait-il pas temps de leur donner une base solide et définitive par une loi qui, d'ailleurs, les étendrait, au-delà de Paris, à toutes les grandes villes ? On l'a pensé, et M. Paul Deschanel a pris l'initiative d'une proposition qui établit le Tribunal pour enfants et la liberté surveillée.

Sur la composition et les pouvoirs du Tribunal, une question se posait tout de suite. Depuis deux ans, au Tribunal de la Seine, on a quelque chose qui ressemble à une juridiction spéciale, l'audience de la 8ᵉ Chambre, réservée, le lundi, aux causes d'enfants ; sans doute cette spécialité peut paraître insuffisante, car les magistrats qui jugent, ce lundi, les enfants, jugent aussi bien, le lendemain, les adultes, et d'ailleurs ils sont, cette année, à la 8ᵉ Chambre ; le roulement, l'an prochain, ou l'avancement les remplacera par d'autres. On ne pouvait faire mieux. Mais si le Parlement et la loi interviennent, pourquoi ne pas avoir, au lieu de cette imitation imparfaite du Tribunal pour enfants, les *juvenile courts* elles-mêmes, telles qu'elles existent aux Etats-Unis ? Pourquoi ne pas établir le juge unique, *qui ne juge gue les enfants et gui est seul à les juger*, qui est leur tuteur aussi, et qui centralise dans ses mains tous les pouvoirs relatifs à l'enfance abandonnée ou coupable ?

La réponse devrait être affirmative, semble-t-il, et le juge unique, doté des pouvoirs les plus étendus, devrait être institué, s'il ne fallait compter avec les habitudes juridiques d'un aussi vieux pays que le nôtre, avec les principes essentiels d'une législation pénale, qu'il est difficile de changer. Les Américains ont toujours eu, en matière répressive, le juge unique ; il leur était naturel de le donner aux enfants : le contraire les eût troublés. Une règle opposée nous donne, dès qu'il s'agit de délits, la pluralité des juges ; les criminalistes s'accordent à y voir une garantie très forte pour l'accusé, et, récemment, quand la réforme des juges de paix proposait d'attribuer à ces magistrats la connaissance d'un certain nombre de délits, il y eut une protestation vigoureuse qui la fit échouer. Etait-ce le moment de demander pour l'enfant le juge unique ? Ce n'est pas un juge, dit-on. — Si, il a souvent à juger, même avec des enfants ; il a toujours à juger, lorsque les enfants ont des complices adultes. Que faire dans ces cas qui sont fréquents ? Faudrait-il retirer à ces adultes la garantie de la pluralité des juges ; ou bien distraire alors l'enfant de son juge unique pour l'envoyer devant le tribunal ordinaire ?... M. Deschanel s'est inquiété de telles conséquences. Il est, d'autre part, averti par une longue expérience que, seules, ont chance d'aboutir promptement les propositions qui ne touchent qu'un détail des lois et des systèmes anciens. Pour obtenir le tribunal des enfants el pour l'obtenir vite, il a donc renoncé à viser dès à présent la perfection américaine, qui n'est peut-être, d'ailleurs, une perfection que parce qu'elle est américaine ; il a proposé simplement ce qu'on pourrait appeler la

« consolidation » de la pratique de Paris : dans tout arrondissement dont le chef-lieu compte au moins 100 000 habitants, une Chambre correctionnelle sera chargée uniquement des causes des enfants. M. Deschanel ajoute, et l'idée est excellente : les membres de cette Chambre échappent au roulement annuel. Ils siégeront donc assez longtemps pour se spécialiser vraiment.

Dès lors qu'on décidait d'accommoder l'institution américaine aux habitudes françaises en matière pénale, il ne pouvait être question de supprimer la publicité. Cette publicité est encore pour nous une des garanties de la défense auxquelles il est difficile de porter atteinte. Cependant M. Deschanel propose que le public soit restreint aux témoins, aux parents, aux avocats, aux représentants des patronages, aux journalistes et aux personnes régulièrement autorisées : pour les causes où des adultes sont impliqués, la publicité complète sera rétablie.

Voilà donc notre futur tribunal pour enfants, en somme un tribunal ordinaire, spécialisé aux causes d'enfants. Quels seront ses pouvoirs ? Puisque c'est une juridiction pareille à toutes les autres, ces pouvoirs seront limités par le Code pénal et les lois existantes : il n'aura pas cette latitude presque absolue dont jouit le magistrat américain. Toutefois, la proposition de M. Deschanel lui accorde quelques attributions, quelques droits nouveaux.

D'abord, et c'est naturellement le but principal de la proposition, il pourra ordonner la mesure de la liberté surveillée ; légale jusqu'ici, mais par un détour de la pratique, cette épreuve excellente aura désormais qualité officielle et juridique. Il y a mieux. Depuis trois ans, elle n'était essayée que sous la responsabilité du patronage qui recevait la garde de l'enfant, et qui, — avec l'assentiment du tribunal sans doute, mais à ses risques et périls, — le rendait à la famille. A l'avenir, le tribunal, prononçant lui-même la mise en liberté surveillée, prend, en quelque sorte, la mesure à son compte. Par suite, c'est lui qui en règle l'exécution. Il désigne les inspecteurs, *probation officers* ; le président reçoit leurs rapports, et, non seulement par eux, mais directement, reste en contact avec, les enfants. Au bout du temps pour lequel la mesure a été prescrite, le tribunal statue de nouveau : il la confirme, la retire, la modifie ; même, sans attendre la fin de ce délai, le président, qui sait la conduite de l'enfant, peut le faire citer, si cela lui paraît nécessaire, pour qu'à la mesure déjà prise en soit substituée une autre « plus conforme à son intérêt. » Tout cela, on le reconnaîtra, est très judicieux ; sans rien changer à notre organisation judiciaire, M. Deschanel assure au tribunal spécial quelques-uns des avantages de la *juvenile court*, notamment celui d'exercer sur l'enfant une tutelle, et de modifier, sans nouveau délit, une liberté dont il ne saurait pas profiter.

C'est dans le même ordre d'idées, et pour donner à ce président un rôle étendu, que M. Deschanel propose, de lui transférer les pouvoirs qui appartiennent au président du tribunal civil, quant à l'internement par voie de correction paternelle. Le droit du père de famille est aujourd'hui assez vivement attaqué. Il existe et existera sans doute encore longtemps. Dès lors, n'est-il pas logique de dire que le président du Tribunal pour enfants en aura le contrôle ? On a objecté ici que ce changement encouragerait les parents à réclamer plus souvent la correction. Le contraire paraît probable. Le président du Tribunal de la Seine, de même que tous ses collègues des grandes villes, est surchargé de travail. Remettre une de ses fonctions les plus délicates au président de la Chambre des enfants, c'est donner aux mineurs une garantie de plus que la requête de leurs parents fera l'objet d'un examen attentif.

M. Deschanel enfin, poursuivant son œuvre de consolidation, propose de donner force de loi à une pratique aujourd'hui constante à la 8ᵉ Chambre. L'âge de la majorité pénale est de dix-huit ans ; jusqu'à dix-huit ans, l'enfant peut agir avec ou sans discernement, être condamné ou acquitté. Mais il est bien évident que cette longue minorité se divise elle-même en deux temps : celui qui précède l'âge de treize ans, celui qui vient après. Parler de discernement, de responsabilité, de condamnation pour un enfant au-dessous de treize ans, c'est un non-sens ; cet enfant ne devrait pas être « poursuivi, » au sens de ce mot dans la loi pénale, et il arrive que les commissaires de police, hésitant en effet à le poursuivre, le relâchent aussitôt après l'avoir arrêté, ce qui n'est pas non plus une solution satisfaisante. La 8ᵉ Chambre a pris le parti d'acquitter *toujours* le mineur de treize ans, et de le remettre à sa famille, à un patronage ou en liberté surveillée. M. Deschanel impose désormais cette solution : le mineur de treize ans « sera toujours considéré comme ayant agi sans discernement. » Le

Tribunal choisira entre les diverses mesures, et le plus souvent sans doute, pour peu que la famille soit honorable, ordonnera la liberté surveillée. Ainsi, dans un cas où il ne peut être question d'une poursuite, ni d'une sanction pénale, il n'y aura en fait ni l'une ni l'autre. Les commissaires n'hésiteront plus à retenir l'enfant qui aura vagabondé ou volé ; car ils sauront que c'est de son relèvement, non de sa punition, que le Tribunal spécial aura à s'occuper.

Le caractère le plus frappant de cette proposition est de demander au Parlement, non pas qu'il tente une expérience législative dont nul ne sait ce qu'elle donnera, mais au contraire qu'il consacre par son vote une expérience de trois années, dont chacun sait qu'elle a réussi au-delà de tout espoir. La méthode suivie ici par les Patronages, à l'imitation des États américains, est évidemment la meilleure, et la statistique qu'il présente est le plus solide appui de la proposition. Ce succès dans le passé garantit le succès dans l'avenir. Il faut bien voir d'ailleurs que si, tout improvisé qu'il fût et fort seulement par le concours des intelligences et des dévouements, le Tribunal spécial a produit d'excellents résultats, la loi lui donnera cette vie véritable, où les institutions se développent et s'épanouissent.

Le rôle du Tribunal pour enfants est considérable ; car c'est à lui que ressortissent tous les intérêts de l'enfance, et, dans les grandes villes, ces intérêts sont multiples : chaque jour en découvre un de plus. Il faut juger les enfants coupables et tout essayer pour leur relèvement ; il faut veiller sur les abandonnés et pourvoira leur sort ; il faut s'occuper des malheureux, des maltraités. Mais ne faudrait-il pas aussi contrôler l'application de la loi scolaire, et dans cet âge où l'enfant se pervertit, entre dix et treize ans, ne faudrait-il pas obtenir son assiduité ? Après l'école, pour ce temps si périlleux qui suit la puberté, ne va-t-on pas voir bientôt aboutir l'effort qui cherche à rétablir l'apprentissage, et n'est-ce pas aux juges de l'enfant que toutes les difficultés touchant cet apprentissage devront être soumises ? N'est-ce pas eux, enfin, qui devront assurer l'exécution des lois sur le travail des enfants ?

Certes, la tâche s'étendra ainsi, du fait seul que le Tribunal pour enfants sera créé par la loi. Ce sera une belle tâche, et singulièrement utile au pays, pour peu que ceux qui l'assumeront s'en montrent dignes. Il semble qu'elle ait en elle-même l'admirable vertu qui forme rapidement les hommes à leur fonction. On l'a bien vu en Amérique, par l'exemple du juge Lindsay. En France, les magistrats ne manquent pas qui joignent, à un dévouement pareil, le goût et l'art de s'occuper de l'enfance. Au Tribunal pour enfants, ils auront à accomplir une grande œuvre.

ISBN : 978-1724483867

www.ingramcontent.com/pod-product-compliance
Lightning Source LLC
Chambersburg PA
CBHW070936220526
45468CB00005B/1798